따라 쓰기 시리즈 ⑧

따라 쓰기로 배우는
남자아이 바른 글씨 : 실력 편

책읽는달

삐뚤빼뚤 글씨체 때문에 속상한 친구들에게

"저는 글씨가 삐뚤빼뚤이라 걱정이에요."
"친구는 글씨를 예쁘게 쓰는데, 제 글씨는 별로예요. 저도 글씨를 잘 쓰고 싶어요."
"1학년 때는 글씨체가 괜찮았는데 학년이 올라갈수록 점점 이상해져요."

주변에 삐뚤빼뚤 글씨체 때문에 속상해하는 어린이들을 볼 수 있습니다.
학교에서 답안지를 작성할 때, 글짓기를 할 때, 친구나 선생님에게 손으로 편지를 쓰거나, 메모를 전달할 때 바른 글씨는 위력을 발휘합니다. 만약 선생님이 내 글씨를 못 알아봐서 손해를 보거나, 무슨 글씨인지 생각하느라 한참을 힘들어한다면 어떨까요? 또 다른 사람이 내 글씨를 못 알아봐서 오해가 생기거나, 무슨 글자인지를 번거롭게 다시 설명해야 한다면 어떨까요?

이처럼 글씨가 단정하지 않다면 읽는 사람이 잘못 알아보거나 정성 들여 쓴 글이 잘못 평가될 수 있답니다.
무엇보다 글씨는 한번 형성되면 고치기가 어렵기 때문에 어렸을 때부터 바른 글씨를 익히도록 노력해야 합니다.

예전에는 예쁜 글씨체가 자랑거리이거나 소질 정도의 차원이었다면 요즘은 공부, 시험, 취업 등에 도움이 됩니다. 무엇보다 바른 글씨는 국어 공부의 기본이 됩니다. 국어는 모든 공부의 기초가 됩니다.
글씨를 바르게 써야 문장을 제대로 쓸 수 있고, 글짓기나 시험 문제도 제대로 실력을 발휘할 수 있습니다. 더 나아가 논술, 자기소개서, 입사 시험, 국가고시 등 손글씨로 치르는 과제에서도 멋진 실력을 발휘할 수 있을 것입니다.

그러므로 실력을 제대로 평가받고 싶다면, 공부를 잘하고 싶은 어린이라면 먼저 글씨 쓰기부터 차근차근 익히는 것이 중요합니다.
예쁘게, 효과적으로 글을 전달하기 위해서는 단정한 글씨가 중요합니다. 글 실력이 뛰어나든, 안 뛰어나든 글씨가 주는 강한 이미지 때문에 기억에 오래 남고 좋은 인상을 남길 수 있습니다.

그렇다면 어떻게 하면 바르고 예쁜 글씨를 쓸 수 있을까요? 어렸을 때 바른 글씨를 쓰는 습관을 기르는 것이 중요합니다. 이때 손의 힘도 기르고 글씨 쓰는 요령도 익혀서 글씨 쓰는 감각을 키워야 합니다.
따라 쓰면 주의력과 집중력이 높아집니다. 또 글자를 반듯하게 쓸 수 있어서 글씨체를 바로잡는 데도 도움이 됩니다.

이 책에서는 글씨가 삐뚤빼뚤한 어린이, 처음 글씨 쓰기를 배우는 어린이, 좀 더 글씨를 예쁘게 쓰고 싶은 어린이를 위해 교과서와 남자아이들이 좋아할 만한 낱말과 문장을 엄선해서 뽑았습니다.
《따라 쓰기로 배우는 남자아이 바른 글씨》가 글씨 쓰기가 힘들거나 속상한 어린이들에게 도움이 되길 바랍니다.

⭐ 차례

삐뚤빼뚤 글씨체 때문에 속상한 친구들에게
이 책의 구성과 활용법
이 시리즈의 특징
바른 자세와 연필 잡기

0단계. 글씨 쓰기 준비하기   10

❶ 선 그으며 단정한 글씨 익히기
❷ 자음 쓰기
❸ 모음 쓰기
❹ 겹받침 쓰기

1단계. 자음과 모음 모양 바르게 쓰기   18

❶ 자음 쓰기
❷ 모음과 이중모음 쓰기
❸ 받침과 겹받침 쓰기
❹ ◁ 모양 글자 쓰기
❺ △ 모양 글자 쓰기
❻ □ 모양 글자 쓰기
❼ ◇ 모양 글자 쓰기

2단계. 남자아이가 좋아하는 낱말 쓰기   38

❶ 두 글자 쓰기
❷ 세 글자 쓰기

3단계. 교과서 낱말 연습하기　　52

① 받침이 없는 글자
② 받침이 있는 글자

4단계. 문장 쓰며 글씨 익히기　　66

① 글씨체를 향상시키는 교과서 짧은 문장 쓰기
② 국어 실력을 키우는 교과서 긴 문장 쓰기
③ 공부에 도움이 되는 고사성어 따라 쓰기
④ 헷갈리는 문화재 이름 따라 쓰기
⑤ 명언과 명문장으로 문장 따라 쓰기

정답　　110

이 책의 구성과 활용법

0단계
글씨 쓰기 준비하기

여러 가지 모양의 선을 따라 그리며 손을 풀어요.
그다음 자음과 모음, 겹받침을 따라 써요.

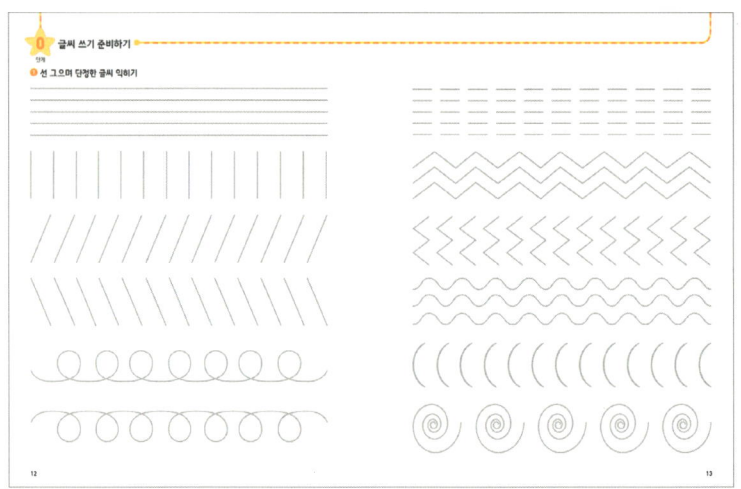

1단계
자음과 모음 모양 바르게 쓰기

글자 모양에 주의하며 자음과 모음을 따라 쓰며 연습하세요.
그다음 모음과 이중모음, 받침과 겹받침을 따라 써 보세요.

2단계
남자아이가 좋아하는 낱말 쓰기

드론, 치킨, 홈런 등 내가 좋아하는 두 글자 낱말과 게임기, 퀵보드, 우주선 등 세 글자 낱말을 그림을 보며 재미있게 따라 써요. 의미 없는 따라 쓰기가 아닌 좋아하는 단어와 재미있는 문장으로 구성했습니다.

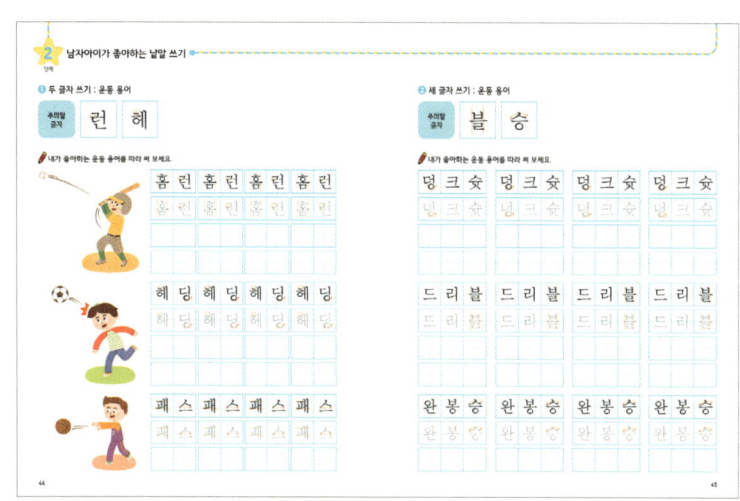

3단계
교과서 낱말 연습하기

초등 고학년 교과서 낱말을 따라 쓰며 단정하면서도 반듯한 글씨체를 연습할 수 있습니다. 아이들이 익혀야 할 기본 자와 어려운 글자는 모양에 맞게 요령 있게 쓰는 법을 별도로 알려줍니다.

4단계
문장 쓰며 글씨 익히기

교과서 속 짧은 문장과 긴 문장을 따라 쓰며 예쁜 글씨체를 연습할 수 있습니다. 또한 학교 공부에 도움이 될 고사성어와 문화재 이름을 실었습니다. 그리고 줄선을 따라 명언과 명문장을 따라 써요.

이 시리즈의 특징

따라 쓰기로 배우는 남자아이 바른 글씨
: ① 기본 편

글씨가 삐뚤빼뚤한 어린이, 심한 악필인 어린이, 좀 더 많이 글쓰기 연습을 원하는 어린이에게 권합니다. 특히 처음 글씨 연습을 배우는 남자아이나 초등학교 저학년에게 추천해 드립니다. 이 책을 익힌 다음《따라 쓰기로 배우는 남자아이 바른 글씨 : ② 실력 편》에 도전하세요.

따라 쓰기로 배우는 남자아이 바른 글씨
: ② 실력 편

글씨가 단정하지 못하거나 바르게, 예쁘게 글씨를 쓰고 싶은 어린이에게 추천합니다. 심화된 글씨 연습을 원하는 남자아이나 초등학교 고학년에게 권합니다. 이 책을 익힌 다음《따라 쓰기로 배우는 초등 바른 글씨》로 단정한 글씨를 완성해 보세요.

따라 쓰기로 배우는
초등 바른 글씨

처음 글씨 연습을 배우는 여자아이와 초등학생들에게 추천해 드립니다. 연필 잡기와 바른 자세부터 모눈종이(방안지) 쓰기, 네모칸 쓰기, 줄칸 쓰기 등 체계적으로 글씨 연습을 하기 좋습니다. 어려운 모양의 글자는 쓰는 법을 별도로 알려줍니다.

따라 쓰기로 배우는 맞춤법
: ① 새싹 단계

글씨도 반듯하게 쓰고 맞춤법도 동시에 배우기를 원하는 어린이에게 권합니다. 모눈종이(방안지) 모양 기준선에 맞게 맞춤법 낱말을 따라 쓰다 보면 글씨 실력도 향상되고 맞춤법도 저절로 배울 수 있습니다. 그다음《따라 쓰기로 배우는 맞춤법 : ② 나무 단계》에 도전하세요.

바른 자세와 연필 잡기

이렇게 바른 자세로 앉아요

① 의자 끝에 엉덩이를 맞닿게 합니다.
② 허리는 의자 등받이에 붙여 반듯이 폅니다.
③ 두 발은 가지런히 모읍니다.
④ 고개를 너무 숙이지 말며 책과 눈의 거리는 30cm 이상을 유지합니다.

이렇게 연필을 잡아요

① 세 번째 손가락(가운뎃손가락)을 연필에 바칩니다.
② 첫째 손가락(엄지)과 둘째 손가락(검지)을 둥글게 잡고 연필은 힘을 적당히 주어 잡습니다.
③ 이때 연필심에서 2.5cm~3cm 떨어져서 잡습니다. 연필은 너무 눕히거나 세우지 않습니다.

0단계

글씨 쓰기
준비하기

1. 선 그으며 단정한 글씨 익히기
2. 자음 쓰기
3. 모음 쓰기
4. 겹받침 쓰기

 **글씨 쓰기 준비하기**

❶ 선 그으며 단정한 글씨 익히기

❶ 글씨 쓰기 준비하기

❷ 자음 쓰기

한글에서 ㄱ, ㄴ, ㄷ, ㄹ, ㅁ, ㅂ, ㅅ, ㅇ, ㅈ, ㅊ, ㅋ, ㅌ, ㅍ, ㅎ 등을 자음이라고 합니다.

❸ 모음 쓰기

한글에서 ㅏ, ㅑ, ㅓ, ㅕ, ㅗ, ㅛ, ㅜ, ㅠ, ㅡ, ㅣ 등을 모음이라고 합니다.

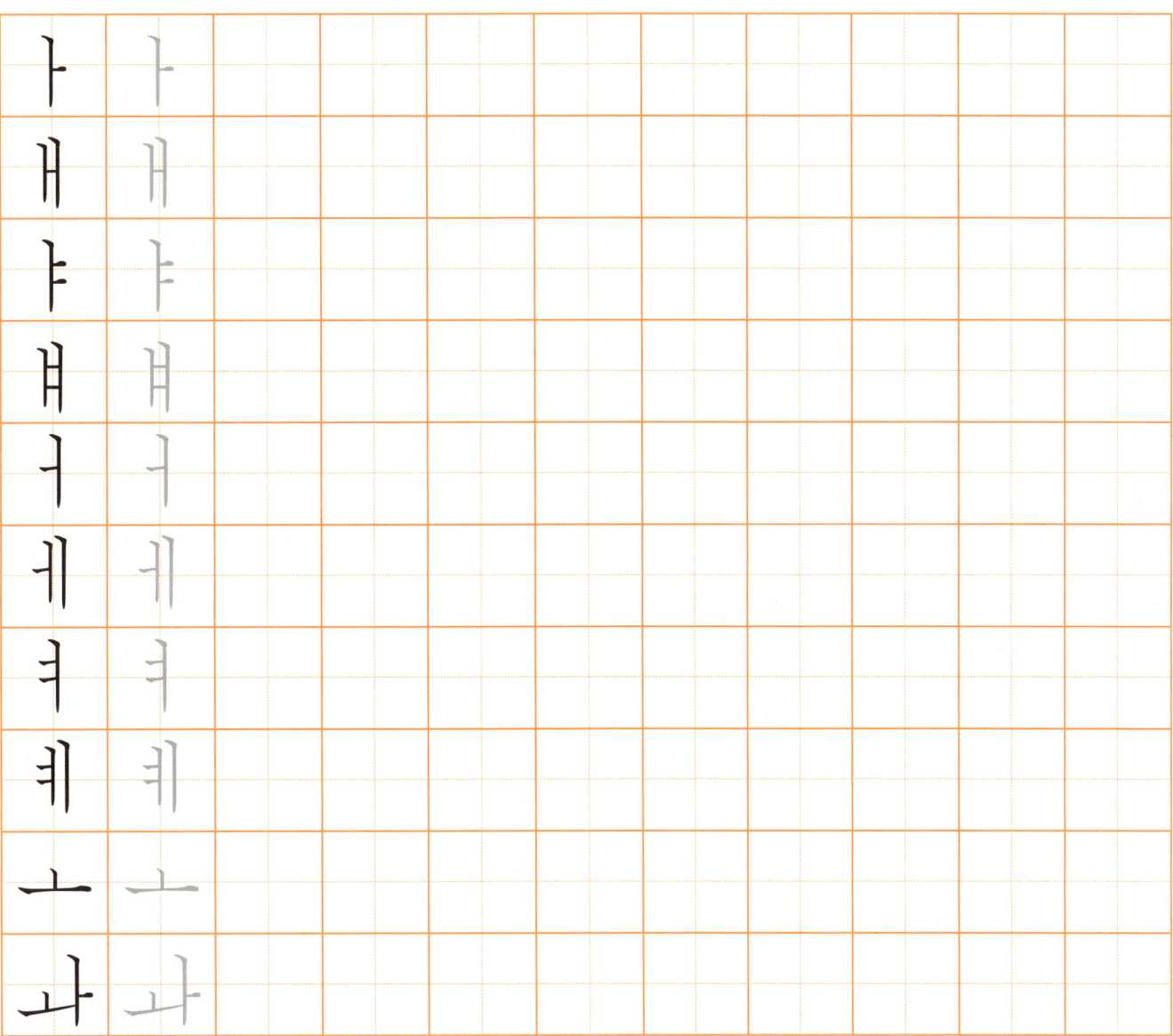

글씨 쓰기 준비하기

❸ 모음 쓰기

한글에서 ㅏ, ㅑ, ㅓ, ㅕ, ㅗ, ㅛ, ㅜ, ㅠ, ㅡ, ㅣ 등을 모음이라고 합니다.

ㅐ	ㅐ									
ㅚ	ㅚ									
ㅛ	ㅛ									
ㅜ	ㅜ									
ㅝ	ㅝ									
ㅖ	ㅖ									
ㅟ	ㅟ									
ㅠ	ㅠ									
ㅡ	ㅡ									
ㅢ	ㅢ									
ㅣ	ㅣ									

❹ 겹받침 쓰기

한글에서 ㄳ, ㄵ, ㄶ, ㄺ, ㄻ, ㄼ, ㄽ, ㄾ, ㄿ, ㅀ, ㅄ 등을 겹받침이라고 합니다.

ㄳ	ㄳ									
ㄵ	ㄵ									
ㄶ	ㄶ									
ㄺ	ㄺ									
ㄻ	ㄻ									
ㄼ	ㄼ									
ㄽ	ㄽ									
ㄾ	ㄾ									
ㄿ	ㄿ									
ㅀ	ㅀ									
ㅄ	ㅄ									

1단계

자음과 모음 모양
바르게 쓰기

1. 자음 쓰기
2. 모음과 이중모음 쓰기
3. 받침과 겹받침 쓰기
4. ◁ 모양 글자 쓰기
5. △ 모양 글자 쓰기
6. □ 모양 글자 쓰기
7. ◇ 모양 글자 쓰기

1단계 자음과 모음 모양 바르게 쓰기

가 가 가 가

가 가 가 가

❶ 자음 쓰기

가 가 가 가 가 가 가 가 가 가 가 가 가
가 가 가 가 가 가 가 가 가 가 가 가 가

❷ 모음과 이중모음 쓰기

| 거 | 겨 | 고 | 교 | 구 | 규 | 그 | 기 | 계 | 괘 | 괴 | 귀 |
| 거 | 겨 | 고 | 교 | 구 | 규 | 그 | 기 | 계 | 괘 | 괴 | 귀 |

❸ 받침과 겹받침 쓰기

| 각 | 곤 | 걷 | 굴 | 곰 | 갑 | 곳 | 강 | 곶 | 갉 | 굼 | 끓 |
| 각 | 곤 | 걷 | 굴 | 곰 | 갑 | 곳 | 강 | 곶 | 갉 | 굼 | 끓 |

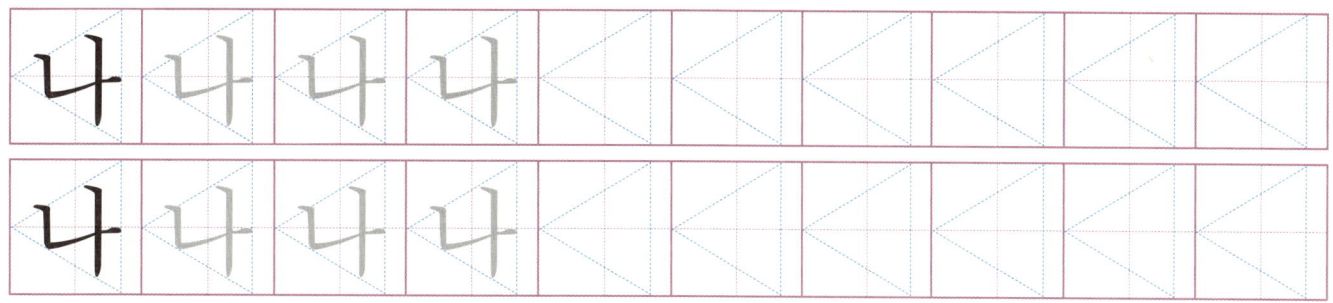

❶ 자음 쓰기

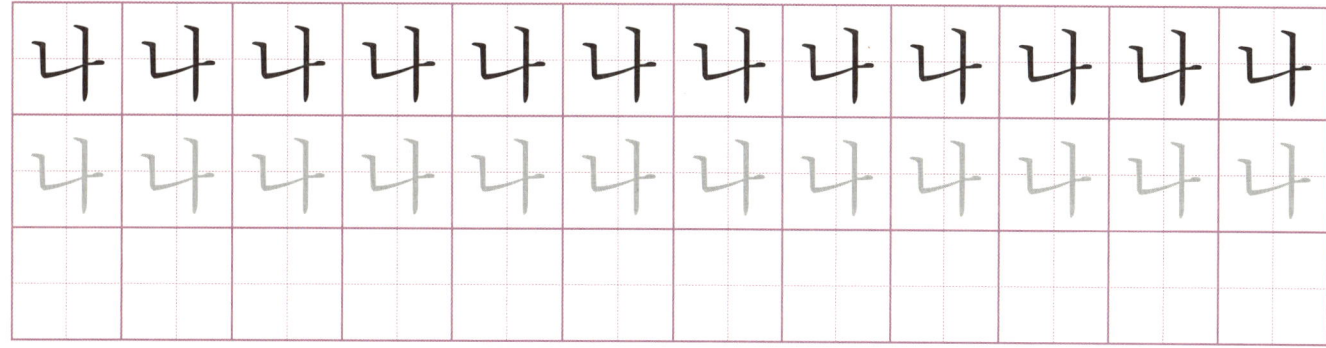

❷ 모음과 이중모음 쓰기

냐	너	녀	노	뇨	누	뉴	느	니	네	뇌	뉘
냐	너	녀	노	뇨	누	뉴	느	니	네	뇌	뉘

❸ 받침과 겹받침 쓰기

낙	논	널	남	눕	낫	농	낯	넣	넋	낡	넓
낙	논	널	남	눕	낫	농	낯	넣	넋	낡	넓

1단계 자음과 모음 모양 바르게 쓰기

더	더	더	더	더	더	더	더	더	더
더	더	더	더	더	더	더	더	더	더

❶ 자음 쓰기

다	다	다	다	다	다	다	다	다	다	다	다
다	다	다	다	다	다	다	다	다	다	다	다

❷ 모음과 이중모음 쓰기

더	뎌	도	됴	두	드	디	대	데	돼	되	뒤
더	뎌	도	됴	두	드	디	대	데	돼	되	뒤

❸ 받침과 겹받침 쓰기

닥	돈	덜	담	둡	덧	당	덫	닿	닭	넓	닳
닥	돈	덜	담	둡	덧	당	덫	닿	닭	넓	닳

래 래 래 래

래 래 래 래

❶ 자음 쓰기

라 라 라 라 라 라 라 라 라 라 라 라

라 라 라 라 라 라 라 라 라 라 라 라

❷ 모음과 이중모음 쓰기

랴 러 려 로 료 루 류 르 리 래 레 뢰

랴 러 려 로 료 루 류 르 리 래 레 뢰

❸ 받침과 겹받침 쓰기

락 룬 럴 람 룹 랏 렁 렇 런 룸 럿 랑

락 룬 럴 람 룹 랏 렁 렇 런 룸 럿 랑

1단계 자음과 모음 모양 바르게 쓰기

맑	맑	맑	맑						
맑	맑	맑	맑						

❶ 자음 쓰기

마	마	마	마	마	마	마	마	마	마	마	마
마	마	마	마	마	마	마	마	마	마	마	마

❷ 모음과 이중모음 쓰기

머	며	모	묘	무	뮤	므	미	매	메	뫼	뮈
머	며	모	묘	무	뮤	므	미	매	메	뫼	뮈

❸ 받침과 겹받침 쓰기

막	문	만	멀	뭄	맙	뭇	멍	맞	못	맑	떡
막	문	만	멀	뭄	맙	뭇	멍	맞	못	맑	떡

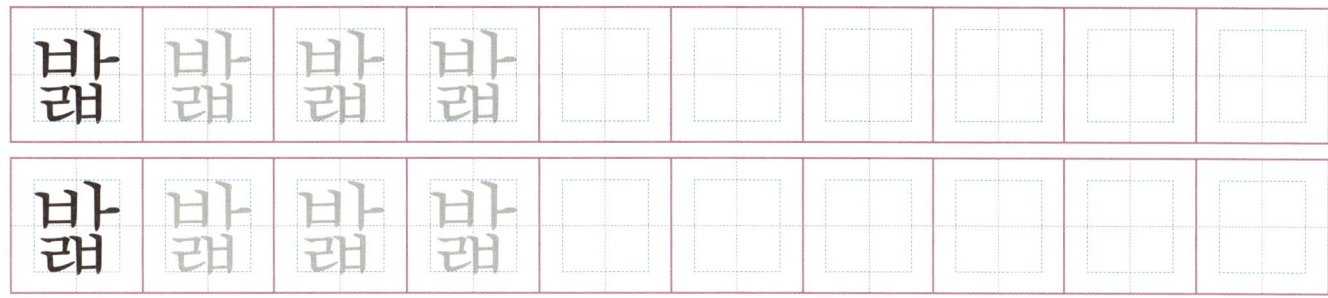

① 자음 쓰기

바	바	바	바	바	바	바	바	바	바	바	바
바	바	바	바	바	바	바	바	바	바	바	바

② 모음과 이중모음 쓰기

버	벼	보	부	뷰	브	비	배	베	봐	뵈	뷔
버	벼	보	부	뷰	브	비	배	베	봐	뵈	뷔

③ 받침과 겹받침 쓰기

박	본	받	벌	밤	법	벗	붕	벚	빛	붉	밟
박	본	받	벌	밤	법	벗	붕	벚	빛	붉	밟

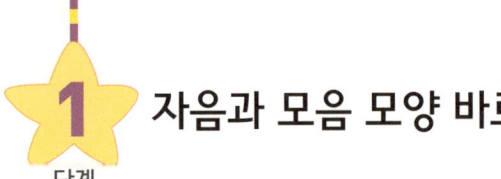

1단계 자음과 모음 모양 바르게 쓰기

사 사 사 사
사 사 사 사

❶ 자음 쓰기

사 사 사 사 사 사 사 사 사 사 사 사 사
사 사 사 사 사 사 사 사 사 사 사 사 사

❷ 모음과 이중모음 쓰기

서 셔 소 쇼 수 슈 스 시 새 세 쇠 쉬
서 셔 소 쇼 수 슈 스 시 새 세 쇠 쉬

❸ 받침과 겹받침 쓰기

삭 순 숟 설 숨 섭 숫 상 숯 샀 삶 싫
삭 순 숟 설 숨 섭 숫 상 숯 샀 삶 싫

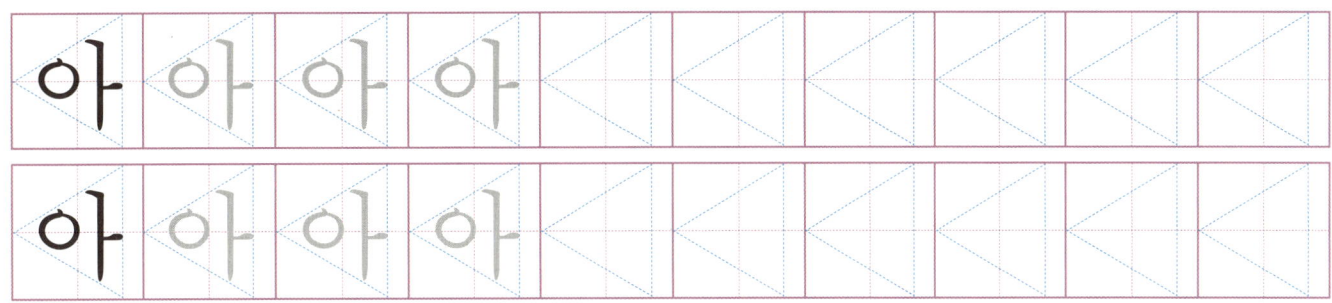

❶ 자음 쓰기

아	아	아	아	아	아	아	아	아	아	아	아
아	아	아	아	아	아	아	아	아	아	아	아

❷ 모음과 이중모음 쓰기

야	어	여	오	요	우	유	으	이	예	왜	위
야	어	여	오	요	우	유	으	이	예	왜	위

❸ 받침과 겹받침 쓰기

악	운	울	움	업	웃	앙	앚	않	읽	옮	얇
악	운	울	움	업	웃	앙	앚	않	읽	옮	얇

1단계 자음과 모음 모양 바르게 쓰기

ㅈ ㅈ ㅈ ㅈ
ㅈ ㅈ ㅈ ㅈ

❶ 자음 쓰기

자 자 자 자 자 자 자 자 자 자 자 자

❷ 모음과 이중모음 쓰기

저 져 조 죠 주 쥬 즈 지 재 제 죄 쥐

❸ 받침과 겹받침 쓰기

작 준 절 줌 접 줏 장 젖 좇 잖 젊 줍

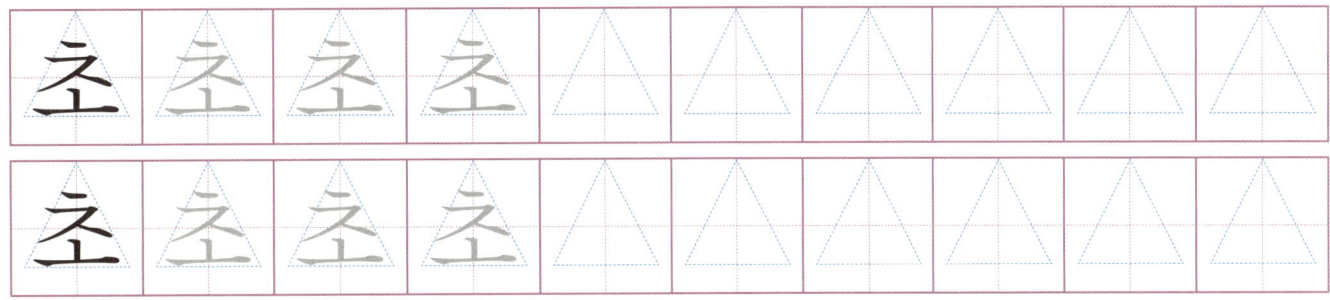

❶ 자음 쓰기

차	차	차	차	차	차	차	차	차	차	차	차
차	차	차	차	차	차	차	차	차	차	차	차

❷ 모음과 이중모음 쓰기

처	쳐	초	쵸	추	츄	츠	치	채	체	최	춰
처	쳐	초	쵸	추	츄	츠	치	채	체	최	춰

❸ 받침과 겹받침 쓰기

착	춘	출	참	첩	첫	충	찮	찱	척	천	총
착	춘	출	참	첩	첫	충	찮	찱	척	천	총

1단계 자음과 모음 모양 바르게 쓰기

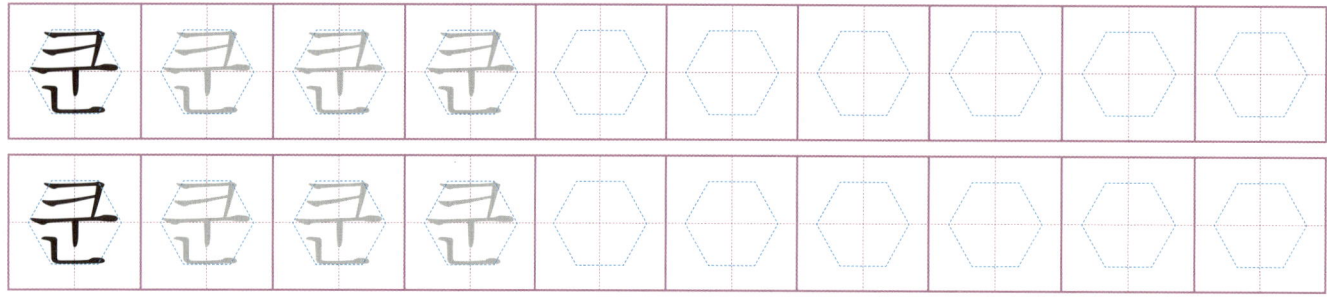

❶ 자음 쓰기

| 카 | 카 | 카 | 카 | 카 | 카 | 카 | 카 | 카 | 카 | 카 | 카 |

❷ 모음과 이중모음 쓰기

| 커 | 켜 | 코 | 쿄 | 쿠 | 큐 | 크 | 키 | 캐 | 케 | 쾌 | 퀴 |

❸ 받침과 겹받침 쓰기

| 칵 | 쿤 | 컬 | 쿰 | 컵 | 쿳 | 캉 | 컥 | 칸 | 쿨 | 컴 | 캅 |

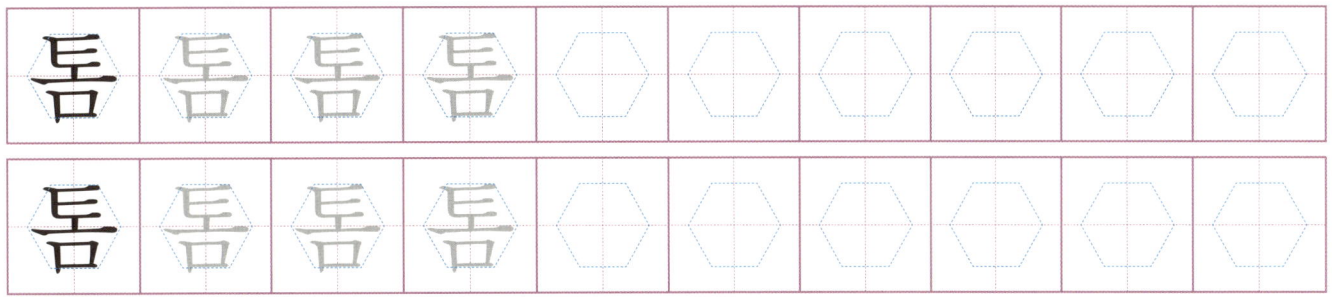

❶ 자음 쓰기

타	타	타	타	타	타	타	타	타	타	타	타
타	타	타	타	타	타	타	타	타	타	타	타

❷ 모음과 이중모음 쓰기

터	토	툐	투	튜	트	티	태	테	퇴	퉤	튀
터	토	툐	투	튜	트	티	태	테	퇴	퉤	튀

❸ 받침과 겹받침 쓰기

탁	툰	탈	톰	텁	툿	탕	턱	탄	틸	탐	팅
탁	툰	탈	톰	텁	툿	탕	턱	탄	틸	탐	팅

1단계 자음과 모음 모양 바르게 쓰기

파 파 파 파

파 파 파 파

❶ 자음 쓰기

| 파 | 파 | 파 | 파 | 파 | 파 | 파 | 파 | 파 | 파 | 파 | 파 |

❷ 모음과 이중모음 쓰기

| 퍼 | 펴 | 포 | 표 | 푸 | 퓨 | 프 | 피 | 패 | 페 | 폐 | 퓌 |

❸ 받침과 겹받침 쓰기

| 팍 | 푼 | 풀 | 품 | 폅 | 풋 | 펑 | 팥 | 퍽 | 편 | 필 | 퐁 |

하 하 하 하

하 하 하 하

❶ 자음 쓰기

하 하 하 하 하 하 하 하 하 하 하 하
하 하 하 하 하 하 하 하 하 하 하 하

❷ 모음과 이중모음 쓰기

허 호 효 후 휴 흐 히 해 헤 혜 회 희
허 호 효 후 휴 흐 히 해 헤 혜 회 희

❸ 받침과 겹받침 쓰기

학 훈 훌 험 합 훗 형 흙 핥 혁 힌 홈
학 훈 훌 험 합 훗 형 흙 핥 혁 힌 홈

1단계 자음과 모음 모양 바르게 쓰기

❹ ◁ 모양 글자

❺ △ 모양 글자

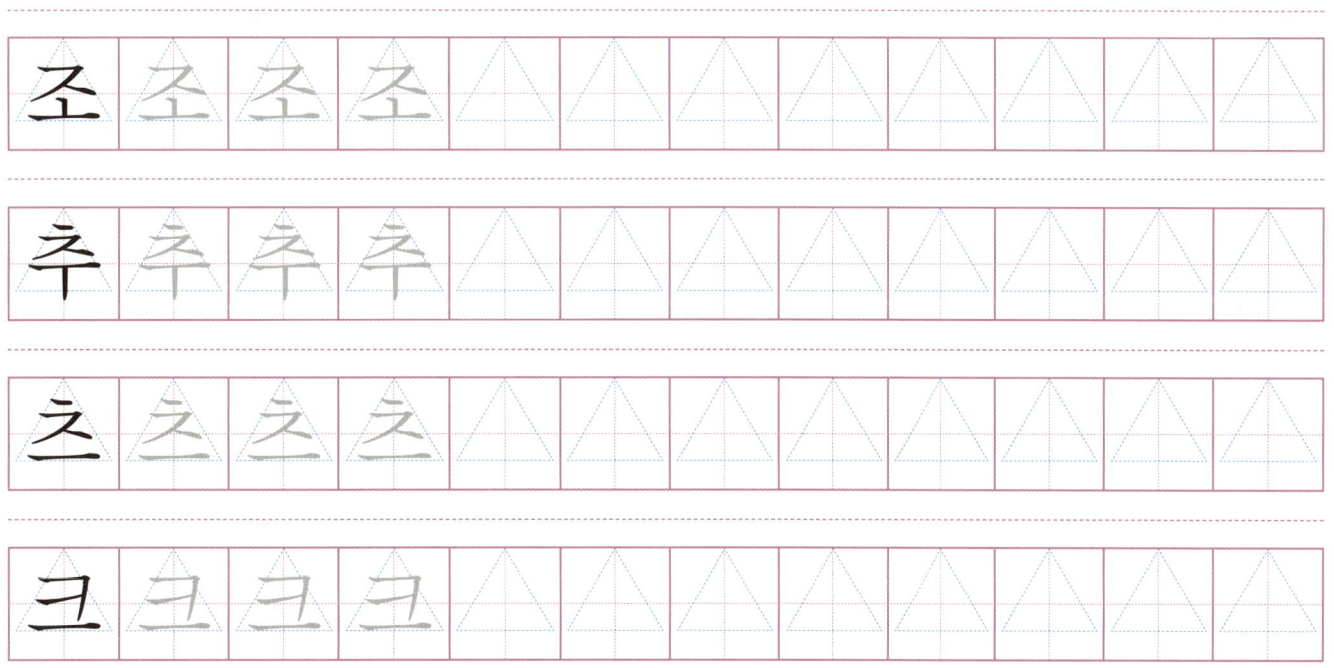

1단계 자음과 모음 모양 바르게 쓰기

❻ ㅁ 모양 글자

굼 굼 굼 굼

끙 끙 끙 끙

넋 넋 넋 넋

낡 낡 낡 낡

닮 닮 닮 닮

못 못 못 못

붉 붉 붉 붉

밟 밟 밟 밟

옴 옴 옴 옴

❼ ⬡ 모양 글자

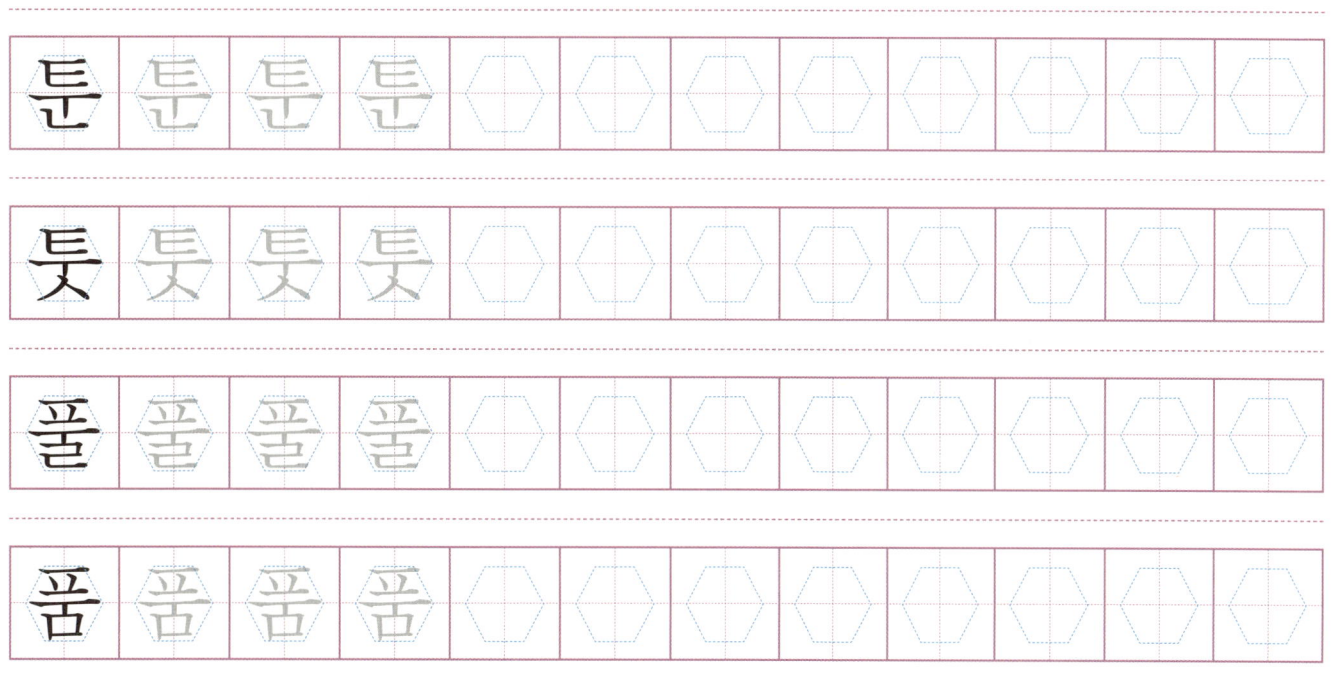

2단계

남자아이가 좋아하는
낱말 쓰기

1. 두 글자 쓰기
2. 세 글자 쓰기

2단계 남자아이가 좋아하는 낱말 쓰기

① 두 글자 쓰기 : 갖고 싶은 것

주의할 글자: 드 봇

✏️ 내가 갖고 싶은 것을 따라 써 보세요.

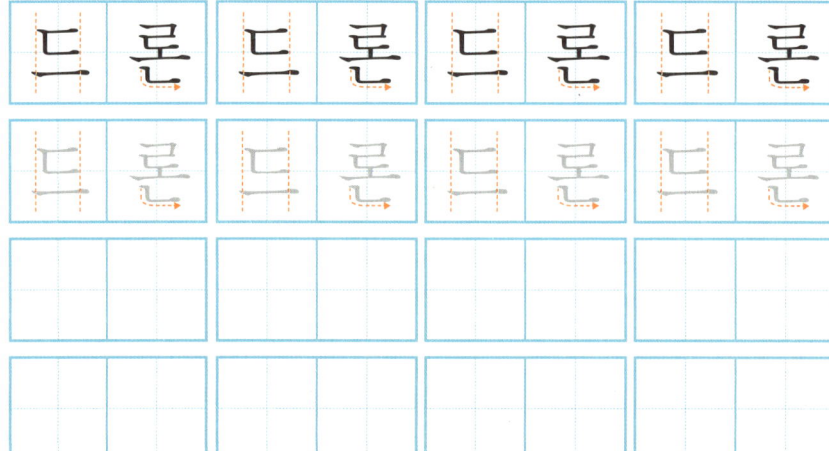

드론 드론 드론 드론

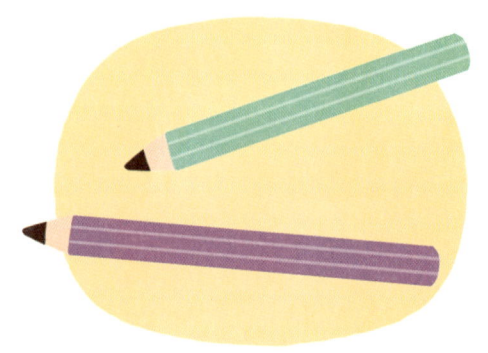

연필 연필 연필 연필

로봇 로봇 로봇 로봇

❷ 세 글자 쓰기 : 갖고 싶은 것

| 주의할 글자 | 계 | 휴 |

✏️ 내가 갖고 싶은 것을 따라 써 보세요.

| 계 | 임 | 기 | | 계 | 임 | 기 | | 계 | 임 | 기 | | 계 | 임 | 기 |

| 쿽 | 보 | 드 | | 쿽 | 보 | 드 | | 쿽 | 보 | 드 | | 쿽 | 보 | 드 |

| 휴 | 대 | 폰 | | 휴 | 대 | 폰 | | 휴 | 대 | 폰 | | 휴 | 대 | 폰 |

2단계 남자아이가 좋아하는 낱말 쓰기

① 두 글자 쓰기 : 음식

주의할 글자: 킨 자

✏️ 내가 좋아하는 음식을 따라 써 보세요.

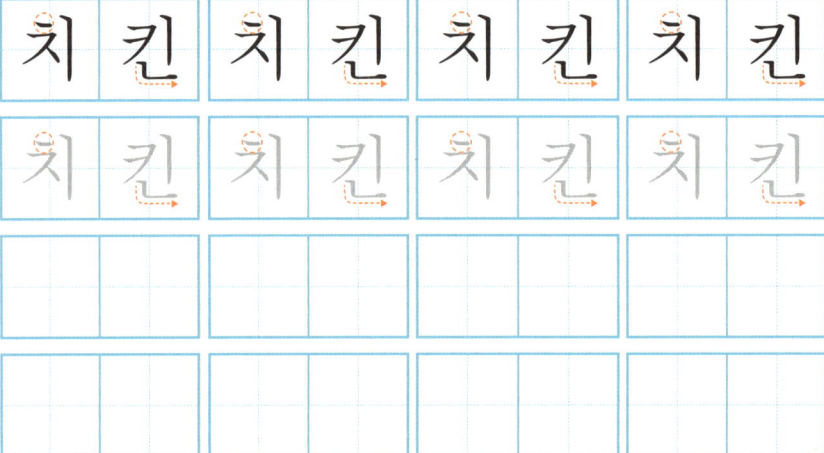

치킨 치킨 치킨 치킨

피자 피자 피자 피자

라면 라면 라면 라면

❷ 세 글자 쓰기 : 음식

주의할 글자 | 돈 | 버

✏️ 내가 좋아하는 음식을 따라 써 보세요.

| 돈 가 스 | 돈 가 스 | 돈 가 스 | 돈 가 스 |
| 돈 가 스 | 돈 가 스 | 돈 가 스 | 돈 가 스 |

| 자 장 면 | 자 장 면 | 자 장 면 | 자 장 면 |
| 자 장 면 | 자 장 면 | 자 장 면 | 자 장 면 |

| 햄 버 거 | 햄 버 거 | 햄 버 거 | 햄 버 거 |
| 햄 버 거 | 햄 버 거 | 햄 버 거 | 햄 버 거 |

2단계 남자아이가 좋아하는 낱말 쓰기

1 두 글자 쓰기 : 운동 용어

| 주의할 글자 | 런 | 헤 |

✏️ 내가 좋아하는 운동 용어를 따라 써 보세요.

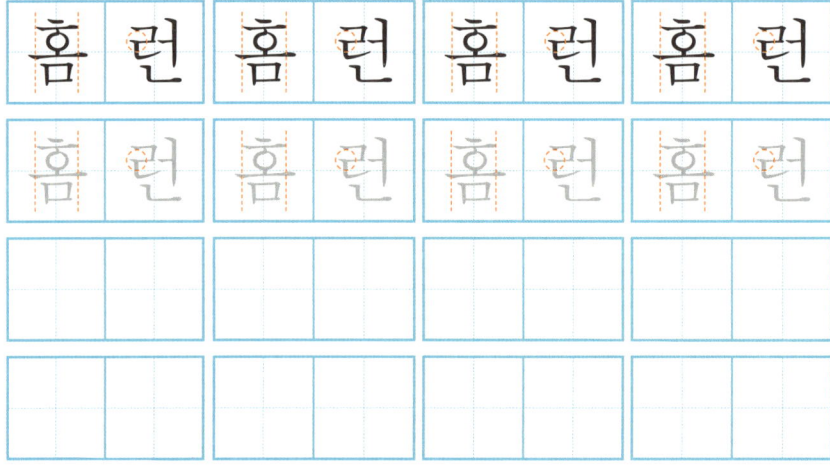

홈런 홈런 홈런 홈런

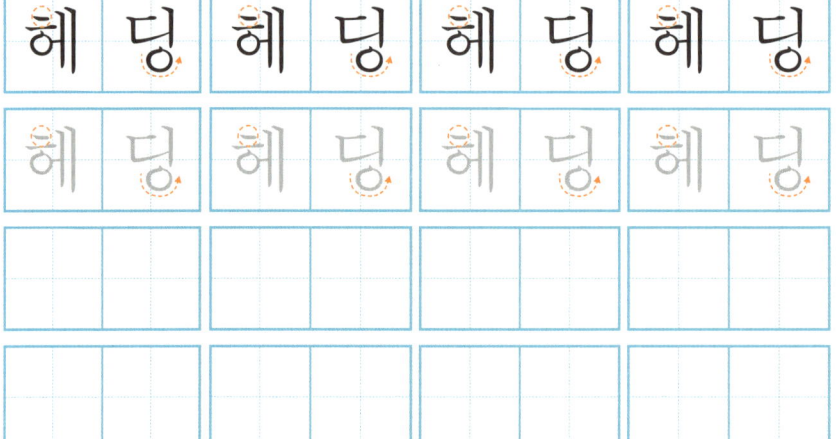

헤딩 헤딩 헤딩 헤딩

패스 패스 패스 패스

❷ 세 글자 쓰기 : 운동 용어

주의할 글자 | 블 | 승

✏️ 내가 좋아하는 운동 용어를 따라 써 보세요.

| 덩 | 크 | 슛 | | 덩 | 크 | 슛 | | 덩 | 크 | 슛 | | 덩 | 크 | 슛 |

| 드 | 리 | 블 | | 드 | 리 | 블 | | 드 | 리 | 블 | | 드 | 리 | 블 |

| 완 | 봉 | 승 | | 완 | 봉 | 승 | | 완 | 봉 | 승 | | 완 | 봉 | 승 |

2단계 남자아이가 좋아하는 낱말 쓰기

1 두 글자 쓰기 : 우주

주의할 글자: 행 성

✏️ '우주'와 관련된 낱말을 따라 써 보세요.

금성 금성 금성 금성 금성 금성

행성 행성 행성 행성 행성 행성

태양 태양 태양 태양 태양 태양

46

❷ 세 글자 쓰기 : 우주

주의할 글자 | 주 | 하 |

✏️ '우주'와 관련된 낱말을 따라 써 보세요.

| 명 | 왕 | 성 | | 명 | 왕 | 성 | | 명 | 왕 | 성 | | 명 | 왕 | 성 |

| 우 | 주 | 선 | | 우 | 주 | 선 | | 우 | 주 | 선 | | 우 | 주 | 선 |

| 은 | 하 | 수 | | 은 | 하 | 수 | | 은 | 하 | 수 | | 은 | 하 | 수 |

2단계 남자아이가 좋아하는 낱말 쓰기

1 두 글자 쓰기 : 지구

주의할 글자: 력 기

✏️ '지구'와 관련된 낱말을 따라 써 보세요.

지구 지구 지구 지구 지구 지구
지구 지구 지구 지구 지구 지구

중력 중력 중력 중력 중력 중력
중력 중력 중력 중력 중력 중력

대기 대기 대기 대기 대기 대기
대기 대기 대기 대기 대기 대기

❷ 세 글자 쓰기 : 지구

| 주의할 글자 | 빙 | 화 |

✏️ '지구'와 관련된 낱말을 따라 써 보세요.

| 빙 | 하 | 기 | | 빙 | 하 | 기 | | 빙 | 하 | 기 | | 빙 | 하 | 기 |
| 빙 | 하 | 기 | | 빙 | 하 | 기 | | 빙 | 하 | 기 | | 빙 | 하 | 기 |

| 분 | 화 | 구 | | 분 | 화 | 구 | | 분 | 화 | 구 | | 분 | 화 | 구 |
| 분 | 화 | 구 | | 분 | 화 | 구 | | 분 | 화 | 구 | | 분 | 화 | 구 |

| 화 | 강 | 암 | | 화 | 강 | 암 | | 화 | 강 | 암 | | 화 | 강 | 암 |
| 화 | 강 | 암 | | 화 | 강 | 암 | | 화 | 강 | 암 | | 화 | 강 | 암 |

2단계 남자아이가 좋아하는 낱말 쓰기

① 두 글자 쓰기 : 인물

주의할 글자: 간 구

✏️ 내가 존경하는 위인의 이름을 따라 써 보세요.

링컨 링컨 링컨 링컨 링컨 링컨

간디 간디 간디 간디 간디 간디

김구 김구 김구 김구 김구 김구

❷ 세 글자 쓰기 : 인물

| 주의할 글자 | 순 | 에 |

✏️ 내가 존경하는 위인의 이름을 따라 써 보세요.

이순신 이순신 이순신 이순신

에디슨 에디슨 에디슨 에디슨

만델라 만델라 만델라 만델라

3단계

교과서 낱말
연습하기

1. 받침이 없는 글자
2. 받침이 있는 글자

3단계 교과서 낱말 연습하기

① 받침이 없는 글자

주의할 글자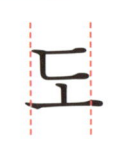

✏️ 큰 소리로 읽으며 따라 써 보세요.

| 나 | 비 | 나 | 비 | 나 | 비 | 나 | 비 |
| 나 | 비 | 나 | 비 | 나 | 비 | 나 | 비 |

| 도 | 서 | 도 | 서 | 도 | 서 | 도 | 서 |
| 도 | 서 | 도 | 서 | 도 | 서 | 도 | 서 |

| 자 | 유 | 자 | 유 | 자 | 유 | 자 | 유 |
| 자 | 유 | 자 | 유 | 자 | 유 | 자 | 유 |

✏️ 왼쪽 낱말과 뜻이 맞는 것끼리 찾아 선을 연결해 주세요.

환 경 •	• 마음속에서 생기는 생각이나 예술 작품에 대한 느낌
국 민 •	• 얼굴의 모습이나 형태
평 등 •	• 쌀과 같은 물건을 보관하는 곳
인 상 •	• 국적을 가졌거나 국가 구성원의 법적 자격이 있는 사람
감 상 •	• 충분히 기쁘고 만족한 상태
곳 간 •	• 사람, 동물, 자연에게 영향을 미치는 상황이나 조건
행 복 •	• 권리와 의무가 차별이 없고 균등함

3단계 교과서 낱말 연습하기

주의할 글자 아 기

✏️ 큰 소리로 읽으며 따라 써 보세요.

돼지 돼지 돼지 돼지

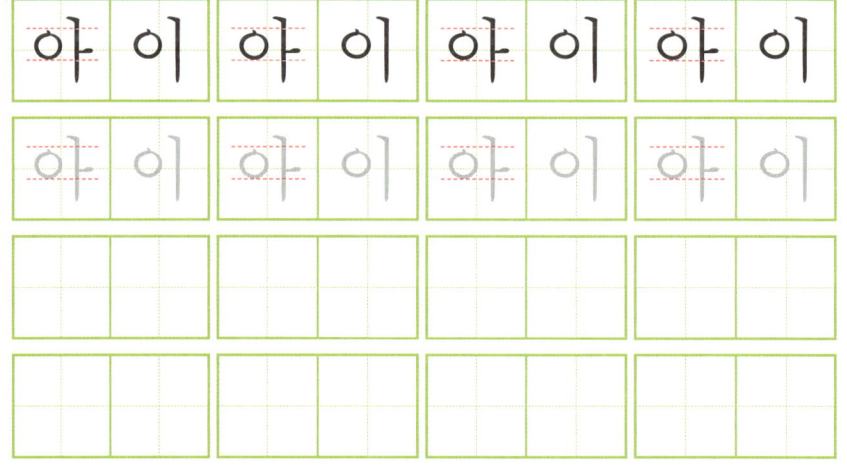

아이 아이 아이 아이

쓰기 쓰기 쓰기 쓰기

✏️ 형태는 같지만 뜻이 다른 낱말을 동형어, 또는 형태가 같은 낱말이라고 해요. 형태가 같은 동형어를 찾아 색칠해 주세요.

✏️ 하나의 낱말이 여러 개의 뜻을 가진 것을 다의어라고 합니다. 다의어를 찾아 색칠해 주세요.

✏️ 아래 문장에서 알맞은 단어를 골라 동그라미 하세요.

형은 시험공부하느라 (핼쑥합니다. / 핼쓱합니다.)

지각한 (횟수가 / 회수가) 기억나질 않습니다.

우리 반에 (희한한 / 희안한) 일이 일어났습니다.

3단계 교과서 낱말 연습하기

주의할 글자: 꼬 저

✏️ 큰 소리로 읽으며 따라 써 보세요.

꾀	꼬	리	꾀	꼬	리	꾀	꼬	리
꾀	꼬	리	꾀	꼬	리	꾀	꼬	리

이	야	기	이	야	기	이	야	기	이	야	기
이	야	기	이	야	기	이	야	기	이	야	기

아	저	씨	아	저	씨	아	저	씨
아	저	씨	아	저	씨	아	저	씨

✏️ <보기>에서 알맞은 단어의 번호를 골라 문장을 완성해 보세요.

보기	
눈	① 사물을 볼 수 있는 몸의 기관 ② 겨울에 하늘에서 내리는 얼음의 결정체
풀	① 무언가를 붙게 하는 끈끈한 물질 ② 산, 들, 길가에 자라는 줄기가 연한 식물
배	① 배나무에서 자라는 과일 ② 사람이나 동물의 가슴과 엉덩이 사이의 기관

하늘에서 하얀 _____이 펑펑 내립니다.

_____이 나빠 칠판의 글이 잘 보이지 않습니다.

봄이 되자 꽃과 _____이 쑥쑥 자랍니다.

종이를 _____로 붙입니다.

할머니는 과일 중 _____를 가장 좋아합니다.

음식을 급하게 먹어서인지 _____가 아팠습니다.

3단계 교과서 낱말 연습하기

주의할 글자: 머 래

✏️ 큰 소리로 읽으며 따라 써 보세요.

주머니	주머니	주머니	주머니
위아래	위아래	위아래	위아래
기러기	기러기	기러기	기러기

✏️ □안에서 알맞은 글자를 골라 넣고 따라 써요.

보기

유, 끼, 무, 두, 계, 너, 리, 이, 소

| 께 | 개 | 리 | 조 | 시 |
| 아 리 | 에 지 | 네 거 | | 쁘 다 |

3단계 교과서 낱말 연습하기

② 받침이 있는 글자

| 주의할 글자 | 낱 | 인 |

✏️ 낱말을 따라 쓰며 바른 글씨를 익혀요.

| 낱 말 | 인 물 | 권 장 | 동 물 | 결 정 |

| 주의할 글자 | 분 | 황 |

| 분 량 | 당 황 | 생 활 | 친 구 | 작 가 |

✏️ <보기>에서 알맞은 낱말을 골라 문장을 완성해 보세요.

> **보기**
>
> 나눕니다. / 예상합니다. / 다릅니다. / 고릅니다.
> 쇠약합니다. / 줍니다. / 받습니다. / 듭니다.

도서관에서 책을 _____

이 옷이 마음에 _____

친구들과 생각을 _____

할아버지는 몸이 아프셔서 _____

선생님이 우리에게 주의를 _____

영화가 어떤 내용일지를 _____

영희와 엄마의 얼굴이 _____

아이돌 가수는 팬들의 사랑을 많이 _____

3단계 교과서 낱말 연습하기

주의할 글자: 선 박

✏️ 낱말을 따라 쓰며 바른 글씨를 익혀요.

| 선생님 | 박물관 | 청록색 | 운동장 |

주의할 글자: 문 간

| 문방구 | 빨간색 | 전깃줄 | 살림집 |

✏️ □ 안에서 알맞은 흉내 내는 말을 골라 넣으세요.

보기

깡충깡충, 방실방실, 대롱대롱, 뒹굴뒹굴, 팔딱팔딱,
오순도순, 살랑살랑, 뒤뚱뒤뚱, 아장아장

토끼가 ☐☐☐☐ 뜁니다.

일요일에 소파에서 ☐☐☐☐ 보냈습니다.

오리가 ☐☐☐☐ 걷습니다.

원숭이가 ☐☐☐☐ 매달려 있습니다.

아기가 ☐☐☐☐ 웃습니다.

봄바람이 ☐☐☐☐ 붑니다.

물고기가 ☐☐☐☐ 뜁니다.

아기가 ☐☐☐☐ 걷습니다.

4단계

문장 쓰며
글씨 익히기

1. 글씨체를 향상시키는 교과서 짧은 문장 쓰기
2. 국어 실력을 키우는 교과서 긴 문장 쓰기
3. 공부에 도움이 되는 고사성어 따라 쓰기
4. 헷갈리는 문화재 이름 따라 쓰기
5. 명언과 명문장으로 문장 따라 쓰기

4단계 문장 쓰며 글씨 익히기

1 글씨체를 향상시키는 교과서 짧은 문장 쓰기

✏️ 낱말을 따라 쓰며 바른 글씨를 익혀요.

| 인권 | 노인 | 자유 | 권리 | 국가 |

✏️ 다음 문장을 따라 써 보세요.

인권이란 모든 사람이
가지고 있는 기본 권리
를 말해요. 노인, 아이
구분 없이 누려야 해요.

❶ 글씨체를 향상시키는 교과서 짧은 문장 쓰기

✏️ 낱말을 따라 쓰며 바른 글씨를 익혀요.

| 전 | 시 | 실 | | 주 | 인 | 공 | | 주 | 황 | 색 | | 출 | 발 | 선 |

✏️ 다음 문장을 따라 써 보세요.

| | 전 | 시 | 실 | 에 | 서 | | 나 | 는 | | 그 | 림 |
| 을 | | 감 | 상 | 합 | 니 | 다 | . |

| | 그 | 림 | | 속 | | 주 | 인 | 공 | 이 | | 주 |
| 황 | 색 | | 우 | 산 | 을 | | 들 | 었 | 습 | 니 | 다 | . |

4단계 문장 쓰며 글씨 익히기

① 글씨체를 향상시키는 교과서 짧은 문장 쓰기

✏️ 그림을 보고 문장을 따라 써 보세요.

여	행		후		체	험		학
습		보	고	서	를		썼	어	요	.
	자	료	를		인	용	하	되	,
진	실	하	게		썼	습	니	다	.

❷ 국어 실력을 키우는 교과서 긴 문장 쓰기

✏️ 다음 문장을 따라 쓰세요.

목요일 날, 운동회가 열렸습니다.

출발선에 서자 엄마가 응원하는 모습이 보였습니다.

총소리가 울리자 나는 달려 나갔어요.

4단계 문장 쓰며 글씨 익히기

❶ 글씨체를 향상시키는 교과서 짧은 문장 쓰기

✏️ 아래 문장을 읽고 물음에 답해 주세요.

> 독일 나치가 제2차 세계대전을 일으키자 유대인인 안네네 가족은 2년여 동안 아무에게도 들키지 않도록 숨어서 지냈다.
> 안네는 일기에서 왜 전쟁을 해야 하는지 모르겠다고, 슬프다고 썼다.

이 이야기의 배경은 언제인가요?

―――――――――――――――――――――――

이 이야기의 주인공은 누구인가요?

―――――――――――――――――――――――

이 이야기의 사건을 써 보세요.

―――――――――――――――――――――――

❷ 국어 실력을 키우는 교과서 긴 문장 쓰기

✏️ 다음 문장을 따라 쓰세요.

지난주에 아빠와 함께 독도에 갔어요.

울릉도에서 독도까지 배를 타고 갔습니다. 나는 멀미를 했지만 독도에 오길 잘했다고 생각했어요.

4단계 문장 쓰며 글씨 익히기

3 공부에 도움이 되는 고사성어 따라 쓰기

조삼모사 / 朝三暮四

- 겉뜻은 아침에 세 개, 저녁에 네 개입니다. 이 고사성어는 언뜻 보기에 다르게 보이지만 그 결과가 같음을 모를 때, 또는 다른 사람을 교묘히 속일 때를 말합니다.

 따라 쓰며 익혀요.

| 조 | 삼 | 모 | 사 |
| 조 | 삼 | 모 | 사 |

| 조 | 삼 | 모 | 사 |
| 조 | 삼 | 모 | 사 |

| 조 | 삼 | 모 | 사 |
| 조 | 삼 | 모 | 사 |

 다음 문장을 따라 써 보세요.

결과가 같음을 모를 때, 남을 교묘히 속임.

신출귀몰 / 神出鬼沒

■ 귀신처럼 나타났다가 귀신처럼 사라지듯이 갑자기 나타났다가 사라지는 것을 말합니다.

✏️ 따라 쓰며 익혀요.

신	출	귀	몰
신	출	귀	몰

신	출	귀	몰
신	출	귀	몰

신	출	귀	몰
신	출	귀	몰

✏️ 다음 문장을 따라 써 보세요.

갑자기 나타났다가 사라지는 것을 말합니다.

4단계 문장 쓰며 글씨 익히기

각골난망 / 刻骨難忘

- 겉뜻은 뼈에 새길 정도로 고마움을 잊지 않는다는 뜻입니다. 이 고사성어는 다른 사람의 은혜가 크고 고마워서 까먹지 않고 마음에 새기겠다는 말입니다.

✏️ 따라 쓰며 익혀요.

| 각 | 골 | 난 | 망 |
| 각 | 골 | 난 | 망 |

| 각 | 골 | 난 | 망 |
| 각 | 골 | 난 | 망 |

| 각 | 골 | 난 | 망 |
| 각 | 골 | 난 | 망 |

✏️ 다음 문장을 따라 써 보세요.

| | 다 | 른 | | 사 | 람 | 의 | | 은 | 혜 | 를 | |
| 까 | 먹 | 지 | | 않 | 고 | | 새 | 김 | . | | |

결자해지 / 結者解之

- 일을 맺은 사람이 그 일을 풀어야 한다, 즉 처음 시작한 사람이 문제를 처리해야 한다는 말입니다.

✏️ 따라 쓰며 익혀요.

| 결 | 자 | 해 | 지 |
| 결 | 자 | 해 | 지 |

| 결 | 자 | 해 | 지 |
| 결 | 자 | 해 | 지 |

| 결 | 자 | 해 | 지 |
| 결 | 자 | 해 | 지 |

✏️ 다음 문장을 따라 써 보세요.

| 일 | 을 | 맺 | 은 | 사 | 람 | 이 | 그 | ✓ |
| 일 | 을 | 풀 | 어 | 야 | 합 | 니 | 다 | . |

4단계 문장 쓰며 글씨 익히기

구사일생 / 九死一生

- 아홉 번이나 죽을 뻔했으나 겨우 살아났다는 말입니다. 여러 번 목숨을 잃을 뻔했으나, 가까스로 생명을 건진 상태를 말합니다.

✏️ 따라 쓰며 익혀요.

구	사	일	생

✏️ 다음 문장을 따라 써 보세요.

아홉 번이나 죽을 뻔 했으나 겨우 살아났어요.

정중지와 / 井中之蛙

- 우물 안 개구리라는 뜻으로 식견(학식과 견문)이 좁은 사람을 비유합니다.

✏️ 따라 쓰며 익혀요.

| 정 | 중 | 지 | 와 |
| 정 | 중 | 지 | 와 |

| 정 | 중 | 지 | 와 |
| 정 | 중 | 지 | 와 |

| 정 | 중 | 지 | 와 |
| 정 | 중 | 지 | 와 |

✏️ 다음 문장을 따라 써 보세요.

| 우 | 물 | | 안 | | 개 | 구 | 리 | 라 | 는 |

| 뜻 | 으 | 로 | | 식 | 견 | 이 | | 좁 | 은 | | 자 |

4단계 문장 쓰며 글씨 익히기

십시일반 / 十匙一飯

- 열 사람의 숟가락을 보태면 한 그릇의 밥이 된다, 즉 여러 사람이 조금씩 정성을 모으면 한 사람을 구하기는 쉽다는 뜻입니다.

✏️ 따라 쓰며 익혀요.

| 십 | 시 | 일 | 반 |

✏️ 다음 문장을 따라 써 보세요.

여러 사람이 정성을
모으면 구할 수 있어요.

복지부동 / 伏地不動

- 땅에 엎드려 움직이지 않는다, 즉 어떤 일에 적극적으로 나서지 않고 살살 피하며 몸을 아끼는 것을 말합니다.

✏️ 따라 쓰며 익혀요.

| 복 | 지 | 부 | 동 |
| 복 | 지 | 부 | 동 |

| 복 | 지 | 부 | 동 |
| 복 | 지 | 부 | 동 |

| 복 | 지 | 부 | 동 |
| 복 | 지 | 부 | 동 |

✏️ 다음 문장을 따라 써 보세요.

| 적 | 극 | 적 | 으 | 로 | | 나 | 서 | 지 | | 않 |
| 고 | | 몸 | 을 | | 아 | 끼 | 는 | | 것 |

4단계 문장 쓰며 글씨 익히기

역지사지 / 易地思之

- 다른 사람의 처지와 바꾸어서 생각하는 것을 말합니다.

✏️ 따라 쓰며 익혀요.

| 역 | 지 | 사 | 지 |
| 역 | 지 | 사 | 지 |

| 역 | 지 | 사 | 지 |
| 역 | 지 | 사 | 지 |

| 역 | 지 | 사 | 지 |
| 역 | 지 | 사 | 지 |

✏️ 다음 문장을 따라 써 보세요.

다른 사람의 처지와 바꾸어서 생각하는 것

심사숙고 / 深思熟考

- 깊이 생각하고 생각이 익을 때까지 오래도록 헤아린다는 뜻입니다.

✏️ 따라 쓰며 익혀요.

| 심 | 사 | 숙 | 고 |
| 심 | 사 | 숙 | 고 |

| 심 | 사 | 숙 | 고 |
| 심 | 사 | 숙 | 고 |

| 심 | 사 | 숙 | 고 |
| 심 | 사 | 숙 | 고 |

✏️ 다음 문장을 따라 써 보세요.

| 깊 | 이 | | 생 | 각 | 하 | 고 | | 오 | 래 | 도 |
| 록 | | 헤 | 아 | 린 | 다 | 는 | | 뜻 | 입 | 니 | 다 | . |

4단계 문장 쓰며 글씨 익히기

지기지우 / 知己之友

- 나를 알아주는 벗, 자기의 마음을 알아주는 좋은 친구를 말합니다.

✏️ 따라 쓰며 익혀요.

| 지 | 기 | 지 | 우 |
| 지 | 기 | 지 | 우 |

✏️ 다음 문장을 따라 써 보세요.

나를 알아주는 벗, 마음을 알아주는 친구

자문자답 / 自問自答

- 스스로 묻고 스스로 대답한다는 뜻입니다.

✏️ 따라 쓰며 익혀요.

| 자 | 문 | 자 | 답 |
| 자 | 문 | 자 | 답 |

| 자 | 문 | 자 | 답 |
| 자 | 문 | 자 | 답 |

| 자 | 문 | 자 | 답 |
| 자 | 문 | 자 | 답 |

✏️ 다음 문장을 따라 써 보세요.

| 스 | 스 | 로 | | 묻 | 고 | | 스 | 스 | 로 | |
| 대 | 답 | 한 | 다 | 는 | | 뜻 | 입 | 니 | 다 | . |

4단계 문장 쓰며 글씨 익히기

④ 헷갈리는 문화재 이름 따라 쓰기

암사동 선사 주거지 / 고인돌

- 암사동 선사 주거지 : 기원전 4,000~3,000년경 신석기 시대 사람들의 집터와 도구가 발굴된 유적입니다. 우리나라 최대 신석기 시대 집단 주거지입니다.
- 고인돌 : 돌로 만든 무덤으로, 청동기 시대의 대표적 무덤 양식입니다.

암 사 동   선 사   주 거 지

우리나라 최대 신석기 시대 집단 주거지입니다.

고인돌   고인돌   고인돌   고인돌

돌로 만든 무덤으로, 청동기 시대의 대표적 무덤 양식

천마총 / 무용총

- 천마총 : 신라 왕의 무덤으로 추측하는 천마총은 신라 고유의 무덤인, 돌무지덧널무덤(나무로 된 방을 만들고 그 위로 여러 개의 돌을 쌓아 올린 후 흙을 덮음)입니다.
- 무용총 : 무용하는 그림이 있는 고구려 벽화 무덤입니다. 왼쪽 벽에는 무용하는 그림이, 오른쪽 벽에는 수렵도가 그려져 있습니다.

| 천 | 마 | 총 | 천 | 마 | 총 | 천 | 마 | 총 | 천 | 마 | 총 |

신라 고유의 무덤인, 돌무지덧널무덤입니다.

| 무 | 용 | 총 | 무 | 용 | 총 | 무 | 용 | 총 | 무 | 용 | 총 |

무용하는 그림이 있는 고구려 벽화 무덤입니다.

4단계 문장 쓰며 글씨 익히기

첨성대 / 불국사

- 첨성대 : 선덕여왕 때 만들어졌으며 하늘과 별의 움직임을 관찰하던 천문관측대를 말합니다. 현재 남아 있는 동양 최고의 천문대입니다.
- 불국사 : 김대성이 현세의 부모를 위해 지은 것으로 유네스코 세계문화유산입니다.

첨성대 첨성대 첨성대 첨성대

현재 남아 있는 동양 최고의 천문대입니다.

불국사 불국사 불국사 불국사

김대성이 현세의 부모를 위해 지은 것으로 세계문화유산입니다.

불국사 삼층 석탑 / 무구 정광 대다라니경

- 불국사 삼층 석탑 : 불국사 대웅전 앞뜰에 다보탑과 불국사 삼층 석탑(석가탑)이 마주 보고 세워져 있습니다. 불국사 삼층 석탑은 간결하고 뛰어난 절제미로 높이 평가받고 있습니다.
- 무구 정광 대다라니경 : 세계에서 가장 오래된 목판 인쇄물로 석가탑 안에서 발견되었습니다.

| 불 | 국 | 사 | 삼 | 층 | 석 | 탑 | 석 | 탑 |

경주 불국사에 있는 탑으로 간결하고 절제미가 있습니다.

| 무 | 구 | 정 | 광 | 대 | 다 | 라 | 니 | 경 |

세계에서 가장 오래된 목판 인쇄물입니다.

4단계 문장 쓰며 글씨 익히기

성덕 대왕 신종 / 상원사 동종

- 성덕 대왕 신종 : 우리나라에 남아 있는 가장 큰 종으로 '에밀레종'이라고도 합니다.
- 상원사 동종 : 통일신라 시대의 대표적 범종(절에서 쓰는 큰 종)으로 우리나라에서 가장 오래된 종입니다.

| 성 | 덕 | | 대 | 왕 | | 신 | 종 | | 신 | 종 | |

우리나라에 남아 있는 가장 큰 종입니다.

| 상 | 원 | 사 | | 동 | 종 | | 동 | 종 | | 동 | 종 |

통일신라 시대의 대표적 종으로 우리나라에서 가장 오래된 종

개성 경천사지 십층 석탑 / 월정사 팔각 구층 석탑

- 개성 경천사지 십층 석탑 : 경천사는 지금의 북한인 개풍군에 있던 절로, 이 절터에 세워졌던 탑을 경천사지 십층 석탑이라고 부릅니다.
- 월정사 팔각 구층 석탑 : 우리나라 팔각 석탑 중 가장 크며, 고려의 귀족 중심의 화려하고 기교적인 불교문화를 잘 표현하고 있습니다.

개성 경천사지 십층 석탑.

경천사라는 절터에 있던 돌로 만든 십층 탑

월정사 팔각 구층 석탑

우리나라 팔각 석탑 중 가장 크며 고려 불교문화를 대표합니다.

4단계 문장 쓰며 글씨 익히기

고려청자 / 조선백자

- 고려청자 : 고려청자는 고려의 대표적 도자기이자, 세계적 명품으로 꼽힙니다. 푸른빛의 비취색을 띠고 있어서 청자라고 불립니다.
- 조선백자 : 조선 시대를 대표하는 도자기입니다. 백토로 만든 흰빛의 도자기라고 백자라고 불립니다.

| 고 | 려 | 청 | 자 | | 고 | 려 | 청 | 자 | | 고 | 려 | 청 | 자 |

고려 시대를 대표하는 푸른색의 도자기

| 조 | 선 | 백 | 자 | | 조 | 선 | 백 | 자 | | 조 | 선 | 백 | 자 |

조선 시대를 대표하는 백토로 만든 흰빛의 도자기

측우기 / 금영측우기

- 측우기 : 세계 최초의 강우량 측정기. 빗물을 그릇에 받아 물의 깊이를 재서 비의 양을 측정하는 기구를 말합니다.
- 금영측우기 : 금영측우기는 공주의 감영(금영)에 설치된 측우기라는 뜻입니다. 빗물을 담는 그릇이 현존하는 것은 금영측우기가 유일합니다.

측	우	기		측	우	기		측	우	기		측	우	기
측	우	기		측	우	기		측	우	기		측	우	기

비를 측량하는 기구로, 세계 최초의 강우량 측정기

금	영	측	우	기		금	영	측	우	기
금	영	측	우	기		금	영	측	우	기

금영에 설치된 비를 측량하는 기구

4단계 문장 쓰며 글씨 익히기

숭례문 / 여수 진남관

- 숭례문 : 조선 시대 한양 도성의 정문 역할을 했던 문으로 남쪽에 위치한 관계로 남대문으로도 불렸어요. 서울에 남아 있는 목조 건물 중 가장 오래된 것으로 국보 제1호로 지정되었습니다.
- 여수 진남관 : 전라좌수영의 객사(외국 사신을 접대하거나 관리의 숙소)이자 조선 수군의 본거지입니다. 또한 이순신 장군이 업무를 보고 명령을 내린, 대표적 목조 건축물입니다.

| 숭 | 례 | 문 | 숭 | 례 | 문 | 숭 | 례 | 문 | 숭 | 례 | 문 |
| 숭 | 례 | 문 | 숭 | 례 | 문 | 숭 | 례 | 문 | 숭 | 례 | 문 |

서울을 에워싼 성곽의 정문이자 남쪽 문으로, 국보 1호

| 여 | 수 | 진 | 남 | 관 | 여 | 수 | 진 | 남 | 관 |
| 여 | 수 | 진 | 남 | 관 | 여 | 수 | 진 | 남 | 관 |

이순신 장군이 업무를 보고 명령을 내린 건축물

수원 화성 / 남한산성

- 수원 화성 : 정조가 효도하는 마음과 왕권 강화를 위해 지은 것입니다. 거중기, 녹로 등을 이용해 지은 과학적 성입니다.
- 남한산성 : 조선 시대 수도 한양을 방어하던, 산 위에 만든 성입니다. 병자호란 때 인조와 신하들이 피신하여 대항한 장소입니다.

수	원		화	성		수	원		화	성	
수	원		화	성		수	원		화	성	

정조가 수원에 세운 조선 최고의 성곽

남	한	산	성		남	한	산	성		남	한	산	성
남	한	산	성		남	한	산	성		남	한	산	성

병자호란 때 인조와 신하들이 피신하여 대항한 성

4단계 문장 쓰며 글씨 익히기

인왕제색도 / 단원풍속도첩

- 인왕제색도 : 조선 후기 화가 정선(1676~1759)이 인왕산의 모습을 그린 그림입니다.
- 단원풍속도첩 : 조선 후기의 대표적 화가인 단원 김홍도(1745~?)가 그린 풍속화(그 시대 사람들의 생활과 모습을 그린 그림) 25첩을 말합니다.

인왕제색도 인왕제색도

정선이 인왕산의 모습을 그린 그림

단원풍속도첩단원풍속도첩

단원 김홍도가 그린 풍속화

대동여지도 / 혼일강리역대국도지도

- 대동여지도 : 김정호가 1861년(철종 12년)에 만든 우리나라 지도입니다. 여러 번 인쇄할 수 있는 목판으로 만들어져서 지도 보급에도 이바지하였습니다.
- 혼일강리역대국도지도 : 혼일강리역대국도지도(강리도)는 세계 지도입니다. 우리나라에서 가장 오래된 세계 지도이자 현존하는 동양에서 가장 오래된 세계 지도이기도 합니다.

| 대 | 동 | 여 | 지 | 도 | | 대 | 동 | 여 | 지 | 도 |

김정호가 1861년에 만든 우리나라 지도입니다.

| 혼 | 일 | 강 | 리 | 역 | 대 | 국 | 도 | 지 | 도 | 지 | 도 |

현존하는 동양에서 가장 오래된 세계 지도입니다.

4단계 문장 쓰며 글씨 익히기

5 명언과 명문장으로 문장 따라 쓰기 : 지혜가 쑥쑥 자라는 글

지금 이 순간에 모든 노력을 집중하라.

지금 이 순간에 모든 노력을 집중하라.

자기를 귀중히 여겨라. 그러면 다른 것은 따라온다.

자기를 귀중히 여겨라. 그러면 다른 것은 따라온다.

행복하고 지혜로운 사람이 되려면 자주 변해야 한다.

행복하고 지혜로운 사람이 되려면 자주 변해야 한다.

참다운 사랑의 힘은 태산보다도 강하다.

쉽게 온 것은 쉽게 간다.

끝난 일은 따지지 말며 지나간 일은 원망하지 않는다.

# 4단계 문장 쓰며 글씨 익히기

모든 실패는 성공으로 향하는 발걸음이다.

후회하기보다는 안전한 것이 더 낫다.

자신을 용서하는 마음으로 남을 용서하라.

친구를 갖는다는 것은 또 하나의 인생을 갖는 것이다.

친구를 갖는다는 것은 또 하나의 인생을 갖는 것이다.

너의 친구를, 친구의 결점과 함께 사랑하라.

너의 친구를, 친구의 결점과 함께 사랑하라.

남의 단점을 지적할 때는 너무 엄하게 하지 마라.

남의 단점을 지적할 때는 너무 엄하게 하지 마라.

4단계 문장 쓰며 글씨 익히기

만약 성공하지 못했더라도 불평하거나 멈추지 마라.

현재를 몹시 불평하거나 미래를 너무 걱정하지 마라.

조심해야 할 때는 조심하고 즐길 때는 즐겨라.

존재하는 모든 훌륭한 것은 독창성의 결실이다.

존재하는 모든 훌륭한 것은 독창성의 결실이다.

너의 생각을 주장하라. 절대 남을 따라 하지 말라.

너의 생각을 주장하라. 절대 남을 따라 하지 말라.

가난은 가난하다고 느끼는 곳에 존재한다.

가난은 가난하다고 느끼는 곳에 존재한다.

4단계 문장 쓰며 글씨 익히기

❺ 명언과 명문장으로 문장 따라 쓰기 : 용기와 위로를 주는 글

네가 생각하는 것이 네가 된다.

네가 생각하는 것이 네가 된다.

어떤 것을 좋아하는 것은 그것을 즐기는 것만 못하다.

어떤 것을 좋아하는 것은 그것을 즐기는 것만 못하다.

현재를 믿어라. 그리고 씩씩하게 미래를 맞아라.

현재를 믿어라. 그리고 씩씩하게 미래를 맞아라.

승리는 노력과 사랑에 의해서만 얻어진다.

승리는 노력과 사랑에 의해서만 얻어진다.

불운을 당해 보지 않은 사람만큼 불행한 사람은 없다.

불운을 당해 보지 않은 사람만큼 불행한 사람은 없다.

반드시 이겨야 하는 건 아니지만 진실할 필요는 있다.

반드시 이겨야 하는 건 아니지만 진실할 필요는 있다.

4단계 문장 쓰며 글씨 익히기

바람은 목적지가 없는 배를 밀어주지 않는다.

바람은 목적지가 없는 배를 밀어주지 않는다.

화가 났을 때 자신에게 하루만 시간을 주라.

화가 났을 때 자신에게 하루만 시간을 주라.

행복의 문 하나가 닫히면 다른 문들이 열린다.

행복의 문 하나가 닫히면 다른 문들이 열린다.

남의 나쁜 점을 보면 나의 나쁜 점을 찾아라.

남의 나쁜 점을 보면 나의 나쁜 점을 찾아라.

스스로 잘났다고 해서 남을 업신여기지 말라.

스스로 잘났다고 해서 남을 업신여기지 말라.

남과 비교하지 말고 너 자신의 생활을 즐겨라.

남과 비교하지 말고 너 자신의 생활을 즐겨라.

4단계 문장 쓰며 글씨 익히기

서로 속마음을 터놓을 때 아주 좋은 친밀감이 생긴다.

사랑은 오래 참고, 온유하며, 시기하지 아니한다.

모든 것을 참고 감사하면 불평은 없어진다.

모든 날은 그날만의 선물을 선사한다.

모든 날은 그날만의 선물을 선사한다.

눈물 흘리지 마라. 화내지 마라. 이해하라.

눈물 흘리지 마라. 화내지 마라. 이해하라.

걱정해서 걱정이 없어지면 걱정이 없겠네.

걱정해서 걱정이 없어지면 걱정이 없겠네.

 정답

55쪽

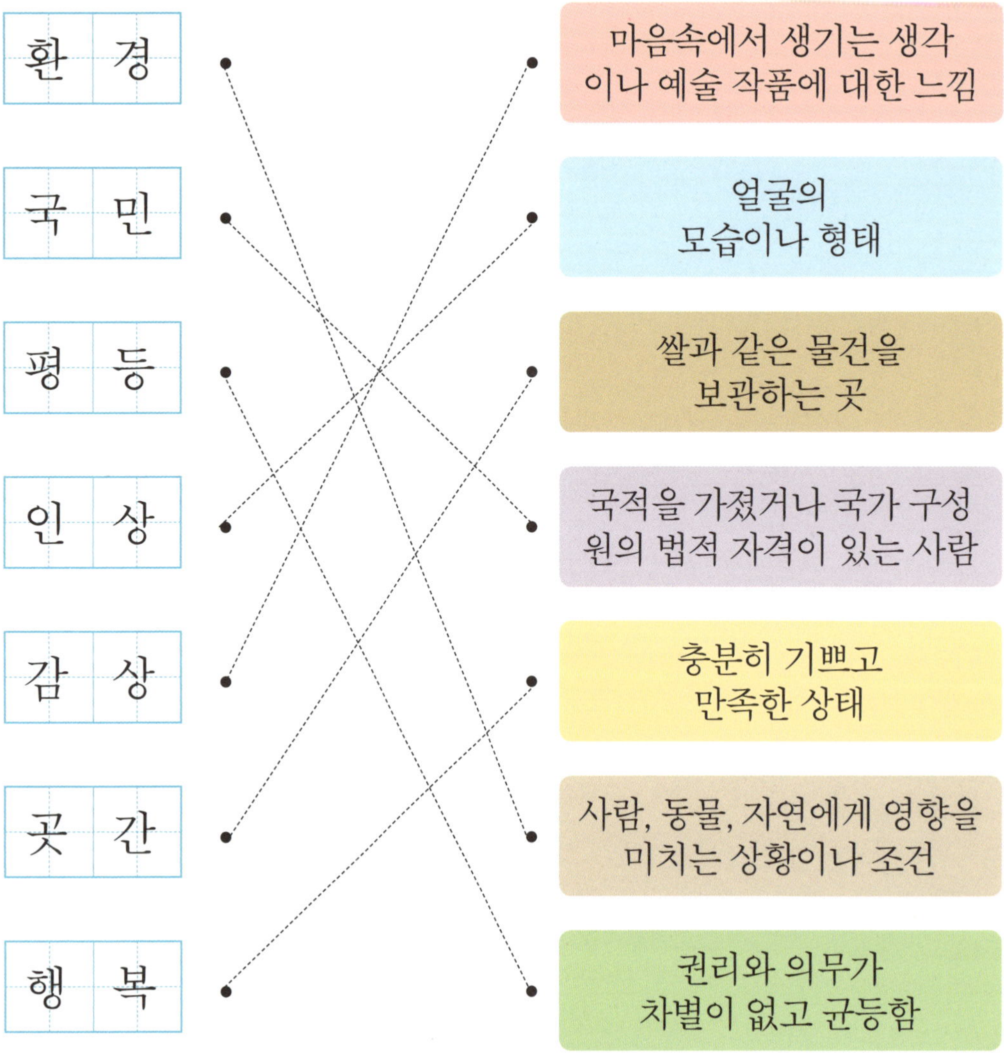

환경 — 사람, 동물, 자연에게 영향을 미치는 상황이나 조건
국민 — 국적을 가졌거나 국가 구성원의 법적 자격이 있는 사람
평등 — 권리와 의무가 차별이 없고 균등함
인상 — 얼굴의 모습이나 형태
감상 — 마음속에서 생기는 생각이나 예술 작품에 대한 느낌
곳간 — 쌀과 같은 물건을 보관하는 곳
행복 — 충분히 기쁘고 만족한 상태

57쪽 색칠할 낱말 : 밤, 다리, 말 / 짓다, 쓰다, 타다
핼쑥합니다. / 횟수가 / 희한한

59쪽 ②, ① / ②, ① / ①, ②

61쪽 두께 / 소개 / 유리 / 조끼 / 시계
아무리 / 에너지 / 네거리 / 이쁘다

63쪽 고릅니다. / 듭니다. / 나눕니다.
쇠약합니다. / 줍니다. / 예상합니다. / 다릅니다. / 받습니다.

65쪽 깡충깡충 / 뒹굴뒹굴 / 뒤뚱뒤뚱 / 대롱대롱
방실방실 / 살랑살랑 / 팔딱팔딱 / 아장아장

72쪽 제2차 세계대전 / 안네
유대인인 안네네 가족은 2년여 동안 아무에게도
들키지 않도록 숨어서 지냈다.

**따라 쓰기로 배우는
남자아이 바른 글씨** : ② 실력 편

초판 1쇄 인쇄 : 2021년 2월 15일
초판 1쇄 발행 : 2021년 2월 19일

지은이 : 손글씨연구회
그린이 : 류미선
펴낸이 : 문미화
펴낸곳 : 도서출판 책읽는달
주   소 : 서울 서대문구 가재울로 45, 105-1204
전   화 : 02)326-1961 / 02)326-0960
팩   스 : 02)6924-8439
블로그 : http://blog.naver.com/booknmoon2010
출판신고 : 2010년 11월 10일 제2016-000041호

ⓒ손글씨연구회, 2021

ISBN 979-11-85053-50-9 74370
ISBN 979-11-85053-12-7 (세트)

*이 책은 저작권법에 의해 보호받는 저작물이므로 무단전재와 무단복제를 금하며, 책 내용의 전부 또는 일부를 이용하려면
 반드시 책읽는달의 동의를 받아야 합니다.
*잘못된 책은 본사나 구입하신 곳에서 바꾸어 드립니다. 책값은 뒤표지에 있습니다.
*책읽는달은 여러분의 아이디어와 원고를 기다리고 있습니다. 소중한 책으로 남기고 싶은 아이디어나 원고가 있으신 분은
 bestlife114@hanmail.net으로 보내주세요

어린이제품안전특별법에 의한 표시사항

제조자명 도서출판 책읽는달 **주소** 서울 서대문구 가재울로 45, 105-1204
전화 02)326-1961 **제조연월** 2021년 2월 **제조국** 대한민국 **사용연령** 7세 이상
⚠ 주의 책을 떨어뜨리거나 던져서 다치지 않게 주의하세요. 책을 입에 물지 마시고 손에 베일 수 있으니 주의하세요.